BEI GRIN MACHT SICH IHR WISSEN BEZAHLT

AF149986

- Wir veröffentlichen Ihre Hausarbeit, Bachelor- und Masterarbeit

- Ihr eigenes eBook und Buch - weltweit in allen wichtigen Shops

- Verdienen Sie an jedem Verkauf

Jetzt bei www.GRIN.com hochladen und kostenlos publizieren

Bibliografische Information der Deutschen Nationalbibliothek:

Die Deutsche Bibliothek verzeichnet diese Publikation in der Deutschen National-
bibliografie; detaillierte bibliografische Daten sind im Internet über http://dnb.d-
nb.de/ abrufbar.

Impressum:

Copyright © 2014 GRIN Verlag, Open Publishing GmbH
Druck und Bindung: Books on Demand GmbH, Norderstedt Germany
ISBN: 9783668349476

Dieses Buch bei GRIN:

http://www.grin.com/de/e-book/345238/analyse-der-instrumente-zur-bindung-
auslaendischer-fach-und-fuehrungskraefte

Lisa Guhl

Analyse der Instrumente zur Bindung ausländischer Fach- und Führungskräfte

GRIN Verlag

GRIN - Your knowledge has value

Der GRIN Verlag publiziert seit 1998 wissenschaftliche Arbeiten von Studenten, Hochschullehrern und anderen Akademikern als eBook und gedrucktes Buch. Die Verlagswebsite www.grin.com ist die ideale Plattform zur Veröffentlichung von Hausarbeiten, Abschlussarbeiten, wissenschaftlichen Aufsätzen, Dissertationen und Fachbüchern.

Besuchen Sie uns im Internet:

http://www.grin.com/

http://www.facebook.com/grincom

http://www.twitter.com/grin_com

FOM Hochschule für Oekonomie & Management Essen

Standort Düsseldorf

Berufsbegleitender Studiengang zum

Bachelor of Arts International Management

6. Semester

Seminararbeit in HR Management & Personalforschung

Analyse der Instrumente zur Bindung ausländischer Fach- und Führungskräfte

Abgabedatum: 5. November 2014

Inhaltsverzeichnis

I

Abkürzungs- und Symbolverzeichnis

%	Prozent
AC	Affektives Commitment
AE	Assigned Expatriates
bzw.	beziehungsweise
ebd.	ebenda
et al.	et alii
f.	folgende Seite
ff.	folgende Seiten
Hrsg.	Herausgeber
HRM	Human Resource Management
KC	Kalkulatorisches Commitment
Mio.	Millionen
Mrd.	Milliarden
NC	Normatives Commitment
PE	Personalentwicklung
SIE	Selbst-initiierte Expatriates
US	United States
vgl.	vergleiche

Abbildungsverzeichnis

1 Einleitung

1.1 Problemstellung

Deutsche Unternehmen stehen vor der Herausforderung, ihre Wettbewerbsfähigkeit trotz demografischen Wandels sicherzustellen. Der allgemeine Bevölkerungsrückgang und eine zunehmend überalternde Gesellschaft führen zu einem Mangel an tatsächlichen und potentiellen Mitarbeitern im Erwerbsalter. Eine Umfrage zu den Auswirkungen des demografischen Wandels verdeutlicht, dass bereits heute ein Fach- (46,3 %) und Führungskräftemangel (22,5 %) besteht und damit die Leistungs- und Innovationsfähigkeit des Unternehmens abnimmt (vgl. Statista 1). McKinsey prognostiziert für 2020 einen Fachkräftemangel von zwei Mio. Personen, welcher zu einem Verlust an Wirtschaftswachstum von 4.600 Mrd. Euro bis 2030 führen werde. Bereits heute beläuft sich die Summe der Umsatzeinbußen im Mittelstand durch Fachkräftemangel auf 29,4 Mrd. Euro (vgl. McKinsey 2010; Prognos AG 2009; Statista 2). Vor diesem Hintergrund stellen deutsche Unternehmen vermehrt ausländische Fach- und Führungskräfte ein, begegnen aber dem Problem, diese längerfristig zu binden (vgl. Statista 3). Besonders ausländische, hochqualifizierte Nachwuchskräfte werden als Potential gesehen, da sie weltoffen, meist alleinstehend und somit geneigt sind, im Ausland, nämlich Deutschland, zu arbeiten (vgl. Demografieportal 2013; Dowling et al. 2011: 239). Jedoch birgt die internationale Wechselbereitschaft ebenso die Gefahr, dass diese Fachkräfte wieder abwandern. Misslingt die Bindung, entstehen Transaktionskosten durch Fluktuation und negative Auswirkungen auf Erfolg und Wettbewerbsfähigkeit durch Humankapitalverlust (vgl. Bröckermann 2004: 17; Nieder 2009: 357).

1.2 Zielsetzung

Diese Arbeit konzentriert sich auf selbst-initiierte Expatriates als Sonderform ausländischer Fach- und Führungskräfte, die ihren Auslandseinsatz selbst planen und durchführen und noch bei keinem anderen Arbeitgeber beschäftigt sind. Daraus resultieren für deutsche Unternehmen Chancen auf eine dauerhafte Bindung. Unklar ist jedoch, ob bereits vorhandene und standardisierte Maßnahmen zur Mitarbeiterbindung auf selbst-initiierte Expatriates anwendbar sind. Das Ziel der vorliegenden Arbeit besteht darin, Bindungsmöglichkeiten aufzuzeigen und entsprechende Instrumente zu analysieren. Dazu werden die speziellen Eigenschaften der selbst-initiierten Expatriates erklärt, verschiedene Ebenen des Mitarbeiterengagements bzw. der -bindung untersucht und auf ausgewählte Maßnahmen angewendet.

1.3 Methodik

In der vorliegenden Arbeit wird eine deduktive Methode angewendet, indem die allgemeinen Aussagen einer Theorie an einem Praxisbeispiel erläutert werden. Für die Situationsanalyse werden eingangs aktuelle statistische Daten und Studien von Unternehmensberatungen genutzt. Definitionen und theoretische Grundlagen basieren auf einem Quellen untersuchenden Vorgehen mithilfe der textdeutenden Hermeneutik. Dazu werden vorwiegend deutsche und US-amerikanische Fachbücher und Fachzeitschriften der Wirtschaftswissenschaften und Psychologie herangezogen. Im Praxisteil werden schließlich Textanalysen mit einem auf Anwendung ausgerichteten Vorgehen durchgeführt und mit Studien eines Statistikportals über deutsche Unternehmen und eigenen Schlussfolgerungen und Handlungsempfehlungen verknüpft.

2 Definitionen

2.1 Fach- und Führungskräfte

Mitarbeiter sind Angestellte, die dem Unternehmen Arbeitsleistung liefern und stellen den Oberbegriff für Fach- und Führungskräfte dar (vgl. Heidecker 2003: 17). Fachkräfte sind Mitarbeiter mit einer anerkannten akademischen oder mindestens zweijährigen abgeschlossenen Berufsausbildung, die qualifizierte, objektbezogene Aufgaben ausführen (vgl. Deutscher Bundestag 2011: 3). Fachkräfte mit eigenen Verantwortungsbereichen und Weisungsbefugnis über mindestens einen Mitarbeiter werden als Führungskräfte bezeichnet und verrichten hauptsächlich dispositive Tätigkeiten. Fach- und Führungskräfte werden somit anhand von Tätigkeitsfeldern, Verantwortung, Befugnissen und hierarchischer Stellung unterschieden (vgl. Heidecker 2003: 17).

2.2 Selbst-initiierte Expatriates

Konventionelle Expatriate-Verfahren stellen eine befristete Entsendung von Fach- oder Führungskräften eines Unternehmens ins Ausland dar, um sie weiterzuentwickeln oder ihre Kenntnisse in einer ausländischen Zweigstelle einzusetzen. Diese Mitarbeiter werden „expatriates" oder „assigned expatriates" (AE) genannt (vgl. Andresen/Biemann 2010: 431; Dowling et al. 2011: 15). Wird der Auslandseinsatz nicht vom Unternehmen geplant und durchgeführt, handelt es sich um „selbst-initiierte Expatriates" (SIE). Es bestehen weder ein Anstellungsverhältnis im Heimatland, noch eine Finanzierung seitens eines Unternehmens und Ort, Zeitpunkt und Dauer werden frei gewählt (vgl. Cao et al. 2014: 2013f.; Carr et al. 2005: 386ff.; Howe-Walsh/Schyns 2010: 262f.). SIE stehen im Gegensatz zu AE meist am Anfang ihrer Karriere, sind daher durchschnittlich jünger, überwiegend alleinstehend und international orientiert bzw. mobil. Außerdem zeichnet sie ein hohes Maß an Autonomie, Flexibilität und Karriereorientierung aus. Da die Einsatzdauer von keinem Heimatunternehmen bestimmt wird, besteht die Möglichkeit, dass SIE dauerhaft im Gastland bzw. Auslandsunternehmen bleiben (vgl. Andresen/Biemann 2010: 435ff.; Brewster/Suutari 2000: 422f.). Die folgende Abbildung verdeutlicht die Abgrenzung der SIE von AE:

3

	Selbst-initiierte Expatriates	Assigned Expatriates
Anstoß, Initiative	selbstständig	Unternehmen
Vorbereitung	selbstständig	Unternehmen
Zeitraum	unbegrenzt	begrenzt
Job vor Antritt gesichert?	ja oder nein	ja
Finanzierung	selbstständig	Unternehmen
Hilfe außerhalb des Jobs	nein	ja

Quelle: eigene Darstellung in Anlehnung an: Howe-Walsh/Schyns 2010: 262.

Abbildung 1: Vergleich von Selbst-initiierten Expatriates und Assigned Expatriates

2.3 Commitment

Der englische Begriff Commitment steht im Deutschen für Bindung, Hingabe und Einsatz. Die vorliegende Arbeit schließt sich der organisationspsychologischen Definition von Commitment als Bindung des Individuums an die Organisation an. Dabei handelt es sich um eine Geisteshaltung, die Verbindlichkeit stärkt und Verhalten zielgerichtet lenkt, selbst wenn extrinsische Motivation und positive Einstellungen fehlen (vgl. Allen/Meyer 1990: 14; Mathieu/Zajac 1990: 171; Meyer/Herscovitch 2001: 301/310). Commitment resultiert in einer Identifikation mit der Organisation, Bereitschaft zur Anstrengung und geringen Fluktuation (vgl. Moser 1997: 163). Eine detailliertere Darstellung des Commitments folgt im nächsten Kapitel.

3 Drei-Komponenten-Modell des Commitments

3.1 Affektives Commitment

Im Rahmen des mehrdimensionalen Modells nach Allen und Meyer bedeutet affektives Commitment (AC) eine emotionale Bindung des Arbeitnehmers an die Organisation, seine Identifikation mit und Beteiligung bzw. Interesse an dem Unternehmen (vgl. Allen/Meyer 1997: 44; Meyer/Herscovitch 2001: 304). AC und damit der Wunsch, im Unternehmen zu verbleiben entsteht dadurch, dass Mitarbeiter aktiv eingebunden werden, die Relevanz des Unternehmens für sich selbst erkennen und sich schließlich darüber identifizieren. Diese Bindung bewirkt nicht nur, dass Mitarbeiter im Unternehmen bleiben, sondern impliziert auch eine höhere Einsatz- und Leistungsbereitschaft. Sie wird durch das Gefühl unterstützt, ein wertvolles Mitglied der Organisation zu sein und an deren Fortbestand mitwirken zu können. Werte und Ziele der Organisation werden nicht nur akzeptiert, sondern auch internalisiert (vgl. Felfe 2008: 27ff.; Meyer/Herscovitch 2001: 310/316). AC beinhaltet alle eingangs definierten Bestandteile des Commitments: Identifikation, Anstrengungsbereitschaft und geringe Fluktuation. Da durch die emotionale Verbundenheit mit dem Unternehmen die stärkste Bindungswirkung generiert werden kann, sollte das AC gefördert werden, wann immer es möglich erscheint (vgl. Meyer/Herscovitch 2001: 323).

3.2 Kalkulatorisches Commitment

Commitment aufgrund einer kostenvermeidenden Einstellung wird als kalkulatorisches oder fortsetzungsbezogenes Commitment (KC) bezeichnet. Allen und Meyer verwenden den englischen Begriff „continuance" Commitment und meinen das Bewusstsein für die Entstehung von Kosten bei Verlassen der Organisation (vgl. Allen/Meyer 1997: 57; Meyer/Herscovitch 2001: 304/308). KC entwickelt sich, wenn Mitarbeiter befürchten, ihre bisherigen Investitionen in das Arbeitsverhältnis zu verlieren oder keine Alternativen sehen als für das und im Sinne des Unternehmen(s) zu handeln. Die Bindung basiert also auf einer rationalen Gegenüberstellung von Kosten und Nutzen und dem Wunsch nach konsistentem Verhalten. Die Mitarbeiter verbleiben im Unternehmen, weil keine alternativen Stellen vorhanden sind oder die Vorzüge des aktuellen Arbeitgebers nicht aufgegeben werden wollen und bei alternativen Unternehmen nicht gegeben sind (vgl. Felfe 2008: 29ff.; Meyer/Herscovitch 2001: 317).

Jene, die hauptsächlich aus Gründen der Kostenvermeidung gebunden sind, werden eher geneigt sein, sich von der Bindung an die Organisation zu lösen und ihre Fähigkeiten anderweitig zu vermarkten (vgl. Meyer/Herscovitch 2001: 313).

3.3 Normatives Commitment

Beim normativen Commitment (NC) besteht die Bindung an das Unternehmen in einem Pflichtgefühl, das Arbeitsverhältnis fortzuführen. Mitarbeiter werden von Werten geleitet und verhalten sich deshalb dem Arbeitgeber gegenüber loyal (vgl. Allen/Meyer 1997: 61; Felfe 2008: 35ff.; Meyer/Herscovitch 2001: 304). Dieses Verpflichtungsgefühl entsteht nach der Verinnerlichung von Normen durch Sozialisation und durch den Erhalt von Leistungen und Zuschüssen, welche das Bedürfnis hervorrufen, eine Gegenleistung zu erbringen und die Bedingungen des „psychologischen Vertrags" zu erfüllen. Generell besteht somit eine hohe Korrelation zwischen AC und NC (vgl. Meyer/Herscovitch 2001: 305/317). Mitarbeiter, die sich einem Manager gegenüber moralisch verpflichtet fühlen ein Projekt abzuschließen, werden jedoch eher geneigt sein, Wege zu finden ihre Pflicht schneller oder mit weniger Aufwand zu erfüllen als wenn ihre Bindung auf einem starken Glauben an die Wichtigkeit des Projekts beruhe (vgl. ebd.: 313).

3.4 Zusammenfassung

Das Drei-Komponenten-Modell des Commitments nach Allen und Meyer betrachtet Einstellungen von Menschen und leitet strukturelle und psychologische Bindungsarten ab. Individuen bleiben in einer Organisation, weil sie es wollen (AC), müssen (KC) oder sich verpflichtet fühlen (NC). Die Komponenten schließen sich gegenseitig nicht aus, sondern können in unterschiedlichen Ausprägungen gleichzeitig vorhanden sein (vgl. Allen/Meyer 1997: 11). Abbildung 2 veranschaulicht das Commitment Modell mit seinen drei Komponenten und deren Basis. Der innere Kreis bildet den Kernbestandteil des Commitments, also den Sinn der Bindung für ein bestimmtes, zielrelevantes Verhalten. Der äußere Kreis verdeutlicht die verschiedenen Geisteshaltungen, welche die jeweiligen Komponenten des Commitments charakterisieren.

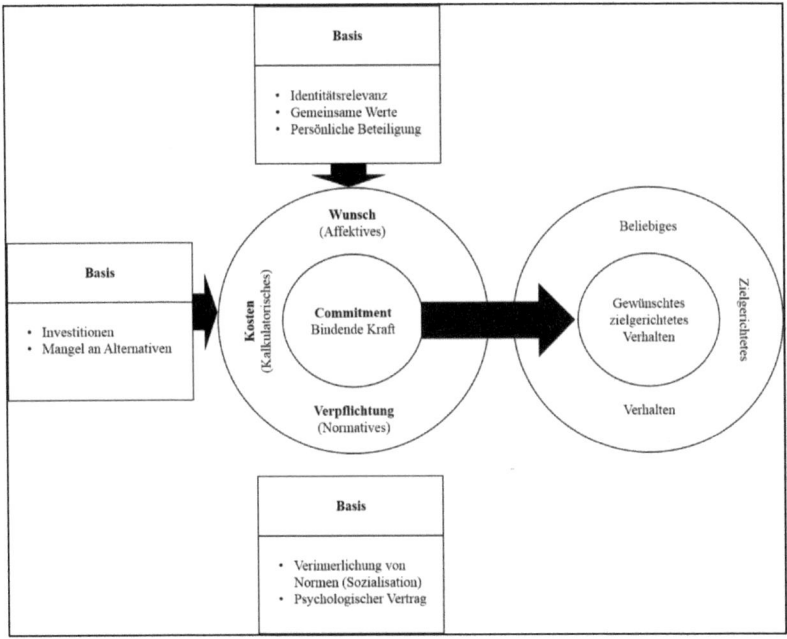

Quelle: eigene Darstellung in Anlehnung an: Meyer/Herscovitch 2001: 317.

Abbildung 2: Drei-Komponenten-Modell des Commitments

Die Wahrscheinlichkeit, dass ein Mitarbeiter erfolgreich gebunden wird und das gewünschte Verhalten zeigt, wird beim AC am höchsten sein, gefolgt vom NC und KC. Jedoch lässt sich festhalten, dass mit jedem der drei Komponenten eine bessere Bindung erreicht werden kann als wenn das Commitment allgemein schwach ist. Da die Komponenten bei jedem Mitarbeiter unterschiedlich stark vorhanden sind, sollte eine erfolgreiche Personalbindung alle Arten des Commitments einbeziehen. (vgl. Felfe 2008: 37; Meyer/Herscovitch 2001: 313). Welche Bindungsinstrumente dazu eingesetzt werden können, behandelt das nächste Kapitel.

4 Bindungsinstrumente in der Praxis

4.1 Arbeitszeit

Seit einiger Zeit kommen neben traditionellen Arbeitszeitmodellen vermehrt flexible Arbeitszeitregelungen zum Einsatz. Dieser Trend wird sich angesichts der sich verändernden gesellschaftlichen Bedingungen und Bedürfnissen der Mitarbeiter zukünftig verstärken (vgl. Michalk 2009: 267f.; Felfe 2008: 17). Ein Beispiel dafür ist die Vertrauensarbeitszeit, bei der die Arbeitszeit vom Arbeitgeber nicht erfasst wird. Sie kann lediglich vom Arbeitnehmer zum Zweck der Selbstkontrolle eigenverantwortlich erfasst werden (vgl. Michalk 2009: 281). Zur Bindung der SIE eignet sich dieses Instrument dahingehend, dass ihr Wunsch nach Selbstorganisation und Autonomie befriedigt wird. Des Weiteren wirkt das entgegengebrachte Vertrauen auf das NC, da die Mitarbeiter sich regelkonform verhalten und ihren Arbeitgeber nicht enttäuschen möchten.

Werden sowohl Überstunden als auch nicht genutzter Urlaub langfristig aufgezeichnet, wird von Langzeitkonten gesprochen, welche für längere arbeitsfreie Zeiten genutzt werden können. So wird den Mitarbeitern ermöglicht, ein „Sabbatical" zu nehmen und für meist drei bis zwölf Monate aus dem Beruf auszusteigen und sich beruflich weiterzubilden oder persönliche Projekte zu verwirklichen. Das Beschäftigungs-verhältnis bleibt bestehen, teilweise unter Entgeltfortzahlung (vgl. ebd.: 277/285f.). Dieses Arbeitszeitmodell eignet sich besonders für die SIE, da ihre Autonomie, Mobilität und Flexibilität unterstützt werden, indem sie ihr Sabbatical frei bestimmen können und Zeit für längere Reisen beispielsweise in ihr Heimatland oder weitere internationale Einsätze haben. Das Risiko einer Abwanderung besteht nicht, da die Vertragsbindung bestehen bleibt. Zusätzlich können diverse Weiterbildungsangebote genutzt werden, die der hohen Karriereorientierung der SIE entgegenkommen. Während des Sabbaticals herrscht das KC vor, da weiterhin Entgelt vom Unternehmen bezogen wird und die Mitarbeiter ihre Investitionen nicht verlieren möchten. Nach der Rückkehr wird sowohl das NC als auch das AC gestärkt, da die Arbeitnehmer dankbar sind, eine solche Möglichkeit bekommen zu haben. Sie fühlen sich nicht nur verpflichtet, im Unternehmen zu verbleiben, sondern auch persönlich wertgeschätzt. Trotz der analysierten Vorteile dieses Arbeitszeitmodells bieten nur 20,4 % der deutschen Unternehmen flexible Jahres- oder Lebensarbeitszeitmodelle wie Sabbaticals an (vgl.

Statista 4). Angesichts der Bindungspotentiale für SIE ergibt sich für Unternehmen die Handlungsempfehlung, vermehrt hochflexible Arbeitszeitmodelle anzubieten, auch wenn dies eine langfristige Planung und Vorbereitung erfordert.

4.2 Vergütung

Als Instrument der Personalbindung umfasst die Vergütung nicht nur das Gehalt, sondern ebenfalls weitere Bezüge. Wird die Auswahl der Vergütungskomponenten den individuellen Vorstellungen der Mitarbeiter angepasst, lassen sich Motivation und Bindung schaffen. Daher reicht das Grundgehalt nicht mehr aus, um Mitarbeiterbindung zu generieren. Vielmehr kommt dafür eine variable Vergütung zum Einsatz (vgl. Knoblauch 2004: 111; Ridder 2009: 245f./265). Eine solche kann gemessen werden an der individuellen Arbeitsleistung in Form von Zielvereinbarungen oder am Unternehmenserfolg (vgl. Flato/Reinbold-Scheible 2008: 98; Ridder 2009: 258ff.). Für die SIE sind variable Vergütungsbestandteile von Bedeutung, da sie ihrem Autonomiestreben und ihrer Karriereorientierung entsprechen. Sie erhalten einen zusätzlichen Anreiz, sich für die Ziele des Unternehmens einzusetzen und einen persönlichen Beitrag zu leisten. Da die Vergütung in der Regel nur auf das KC wirkt, lassen sich durch die persönliche Beteiligung und gemeinsamen Ziele zusätzlich affektive Bindungspotentiale generieren (vgl. ebd.: 98; 262f.). In der Praxis wird dieses Instrument bereits zu 94 % bei Führungskräften eingesetzt; auf operativer Ebene sind es 75 % (vgl. Kienbaum 2013). Für die SIE empfiehlt sich angesichts des Akkulturationsprozesses der Einbezug qualitativer Größen wie Arbeitseinstellung und Offenheit (vgl. Genisyürek 2013: 450ff.).

Darüber hinaus besteht die Möglichkeit der Gewährung eines zinsgünstigen Arbeitgeberdarlehens. Mitarbeiter können dies zur Finanzierung einer Fortbildungsmaßnahme oder zum Erwerb von Wohneigentum nutzen (vgl. Flato/Reinbold-Scheible 2008: 100). Zur Bindung von SIE eignet sich diese Maßnahme ebenso, da sie einen Anreiz erhalten, dauerhaft im Gastland zu verbleiben bzw. in ihrer Karriereorientierung bestärkt werden. Um einen Humankapitalverlust an Konkurrenzunternehmen zu vermeiden, sollte vertraglich sichergestellt werden, dass die SIE nach der Weiterbildung im Unternehmen bleiben (vgl. ebd.: 101). Dadurch entsteht ein KC, da mit einem Arbeitgeberwechsel die Investitionen verloren gingen. Außerdem verstärkt sich das NC, da durch die finanzielle Zuwendung ein Verpflichtungsgefühl entsteht, dem Unternehmen Leistung zurückzugeben. Dieses Instrument wird vorwiegend von größeren Unternehmen eingesetzt. So zahlen beispielsweise 29 % der Unternehmen mit mehr als 300 Mitarbeitern nach erfolgreichem Abschluss einer Weiterbildungsmaßnahme eine Prämie, während es bei den kleineren nur 18 % sind (vgl. Statista 5). Da hier die Komponente des AC fehlt, sollte der Fokus der Mitarbeiterbindung auf anderen Instrumenten liegen.

4.3 Personalentwicklung

Die Personalentwicklung (PE) gewinnt als Instrument der Personalbindung zunehmend an Bedeutung, da die Wertschätzung und Förderung des Potentials der Mitarbeiter deren Commitment erhöht und letztlich Kosten für Neueinstellungen spart (vgl. Flato/Reinbold-Scheible 2008: 107ff.). Besonders zur Bindung der SIE eignet sich die PE, da die Nachwuchsfach- und Führungskräfte regelmäßig nach beruflichem Fortschritt streben (vgl. Brewster/Suutari 2000: 430). PE lässt sich grob in Maßnahmen am Arbeitsplatz („on-the-job") und außerhalb des Arbeitsplatzes („off-the-job") gliedern. Abbildung 3 zeigt eine umfassende Gruppierung der PE-Maßnahmen mit Beispielen. Aus wissenschafts-ökonomischen Gründen werden in dieser Arbeit nur die on-the-job-Maßnahmen der Aufgabengestaltung Job Enlargement, Job Enrichment und Job Rotation analysiert.

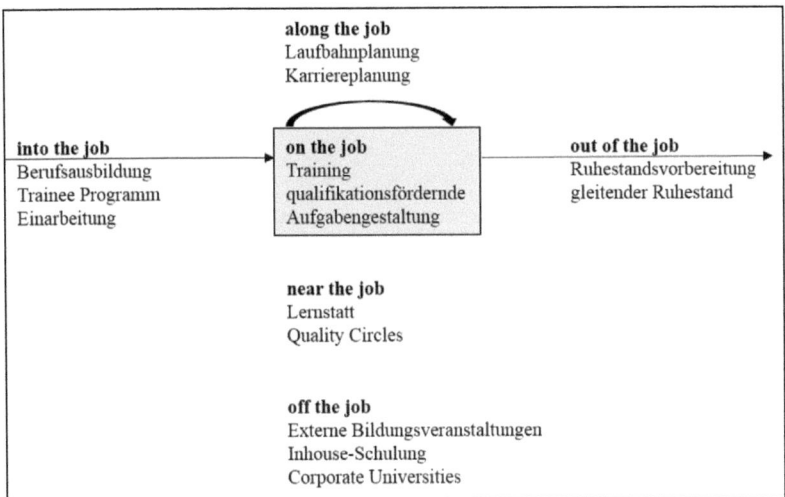

	along the job Laufbahnplanung Karriereplanung	
into the job Berufsausbildung Trainee Programm Einarbeitung	on the job Training qualifikationsfördernde Aufgabengestaltung	out of the job Ruhestandsvorbereitung gleitender Ruhestand
	near the job Lernstatt Quality Circles	
	off the job Externe Bildungsveranstaltungen Inhouse-Schulung Corporate Universities	

Quelle: eigene Darstellung in Anlehnung an: Scholz 2000: 511.

Abbildung 3: Gruppierung von Personalentwicklungsmaßnahmen

Job Enlargement stellt eine horizontale, quantitative Arbeitserweiterung um Aufgaben mit gleichem Anspruch zur Vermeidung von Monotonie dar. Wird die Arbeit durch mehr Entscheidungs- und Kontrollspielraum vertikal und qualitativ bereichert, handelt es sich um Job Enrichment. Job Rotation meint einen systematischen Arbeitsplatzwechsel zur Entwicklung und Vertiefung von Fachkenntnissen und Förderung von Nachwuchskräften. Zur Fachkraftentwicklung sollte die Rotation funktionsgebunden und zur Führungskraftbildung funktionsübergreifend erfolgen (vgl. Berthel/Becker 2013: 470ff.). Diese Maßnahmen entsprechen der Karriereorientierung der SIE, da sie neue Aufgabenbereiche und Aufstiegschancen gewinnen können. Insbesondere die Job Rotation erfüllt zudem den Wunsch der SIE nach Flexibilität, sodass sie wechselnde Tätigkeiten ausführen, aber gleichzeitig im selben Unternehmen verbleiben können. Der Erhalt einer PE-Maßnahme kann das NC stärken, indem das Gefühl entsteht, dem Arbeitgeber zusätzliche Leistung zu schulden. Handelt es sich um Job Enrichment mit weiteren Perspektiven im Unternehmen entwickeln die SIE ebenfalls ein AC, da sie sich mit ihrer Zukunft im Unternehmen identifizieren und sich aktiv daran beteiligen können. Die Mehrheit der großen und mittleren deutschen Unternehmen setzt Personalentwicklung bereits als Talent-Management-Maßnahme ein. Zudem geben Manager an, überwiegend mit on-the-job-Maßnahmen auf ihre

Führungsrolle vorbereitet worden zu sein (vgl. Statista 6/7). Angesichts der Kosteneinsparung gegenüber off-the-job-Maßnahmen und dem direkten Transfer auf das eigene Aufgabengebiet ist dieses Instrument zur Bindung von SIE empfehlenswert.

4.4 Kulturelle Integration

Wird ein Auslandsaufenthalt abgebrochen, liegt der Grund meist nicht in der im Unternehmen ausgeübten Tätigkeit, sondern in der fehlenden kulturellen Integration. Da die SIE keine vorbereitenden Trainings in ihrem Heimatland erhalten, besteht das Risiko eines Kulturschocks, welcher Ängste und Hilflosigkeit hervorruft (vgl. Carr et al. 2005: 390; Dowling et al. 2011: 281; Hofstede/Hofstede 2011: 420f.). Ein Instrument zur kulturellen Integration stellt ein Mentorenprogramm dar. Dabei erhalten die SIE einen Mentor, welcher bei Problemen im Arbeitsalltag sowie privaten und kulturellen Fragestellungen helfen soll. Dies ermöglicht den engen Kontakt zu Kollegen und die SIE können nicht nur die Kultur des Gastlandes, sondern auch die spezifische Unternehmenskultur verstehen und internalisieren (vgl. Howe-Walsh/Schyns 2010: 267). Gelingt die Akkulturation, fühlen sich die SIE im Gastland ebenfalls autonom und flexibel. Auch für ihre Karriereorientierung kann ein Mentorenprogramm nützlich sein, da der Mentor bei der beruflichen Weiterentwicklung behilflich sein und individuelle Potentiale entdecken und fördern kann (vgl. Flato/Reinbold-Scheible 2008: 117f.). Dieses Instrument steigert insbesondere das AC, da die SIE beginnen, sich sowohl mit dem Gastland als auch mit dem Arbeitgeber über gemeinsame Werte zu identifizieren und sich von ihrem Mentor persönlich betreut und einbezogen fühlen. Durch die Verinnerlichung der neuen Kultur und deren Normen und die persönlichen Investitionen in den Akkulturationsprozess können sich auch das NC und KC ausbilden. Folglich sind die SIE eher geneigt, sich dauerhaft an das Unternehmen zu binden, wenn sie Hilfe seitens des Arbeitgebers erhalten, Kontakte und Freundschaften zu Inländern pflegen und mit ihrem beruflichen und privaten Status im Gastland zufrieden sind (vgl. Cao et al. 2014: 2016ff.). Auch wenn deutsche Unternehmen Integrationsmaßnahmen für internationale Mitarbeiter als notwendig einschätzen, sehen sie kulturelle Unterschiede und die Integration ausländischer Arbeitnehmer als große Herausforderungen. Durch gezielte Integrationsmaßnahmen könnten sie die Fluktuation mindern und somit bis zu 21 Mrd. Euro pro Jahr einsparen. Laut einer Studie von Roland Berger haben zwar 95 % der befragten Unternehmen bereits Diversity-Programme eingeführt, sie werden aber zu 80 % nur zur Förderung von Frauen genutzt und lassen ausländische Fach- und

Führungskräfte außen vor (vgl. Die Welt 2012; Statista 8). Wie bereits ausgeführt, sind Mentorenprogramme zur kulturellen Integration empfehlenswert und sollten von deutschen Unternehmen stärker eingesetzt werden. Denn durch eine Verbesserung der sozialen und interkulturellen Kompetenzen profitieren auch die Mentoren und somit das gesamte Unternehmen. Für die Bindung der SIE ist dieses Instrument unentbehrlich, da alle drei Komponenten des Commitments gestärkt werden. Das AC, welches wann immer möglich gefördert werden soll, wird hier maßgeblich beeinflusst. Schließlich können auch keine anderen Bindungsinstrumente wirken, wenn die Integration misslingt.

5 Fazit

Kommen ausländische Fach- und Führungskräfte nach Deutschland, um einen eigens geplanten Auslandsaufenthalt zu absolvieren, ergeben sich für deutsche Unternehmen Chancen, deren Potentiale für sich zu nutzen und sie dauerhaft an sich zu binden. Bei der Gruppe der selbst-initiierten Expatriates handelt es sich um junge, ungebundene und karriereorientierte Mitarbeiter, die nach Autonomie, Flexibilität und internationaler Mobilität streben. Die verschiedenen Instrumente zur Bindung dieser Kräfte können mithilfe von drei Komponenten des Commitments beurteilt werden. Während das affektive Commitment eine emotionale Bindung des Mitarbeiters darstellt, herrscht beim kalkulatorischen Commitment eine kostenvermeidende Einstellung vor. Besteht ein Verpflichtungsgefühl gegenüber dem Arbeitgeber, handelt es sich um normatives Commitment.

Bei der Arbeitszeitgestaltung ist zur Bindung selbst-initiierter Expatriates neben der Vertrauensarbeitszeit das Angebot eines Sabbaticals von Vorteil, da jede Art des Commitments angesprochen wird. Im Rahmen der Vergütung können variable Bestandteile quantitativer und qualitativer Art oder Arbeitgeberdarlehen zum Einsatz kommen; diese wirken jedoch hauptsächlich auf das kalkulatorische Commitment. Eine Stärkung des affektiven und normativen Commitments lässt sich mit Personalentwicklungsmaßnahmen wie Job Rotation oder Job Enrichment erreichen. Die kulturelle Integration durch Mentorenprogramme stellt das wichtigste Instrument dar, da sie als Basis für die Bindung gesehen werden kann und alle Arten des Commitments positiv beeinflusst. Somit ergeben sich in diversen Bereichen Bindungsmöglichkeiten für selbst-initiierte Expatriates. Maßnahmen wie Vertrauensarbeitszeit, variable Vergütungssysteme und gezielte Personalentwicklung sind bereits in vielen deutschen Unternehmen vorhanden und standardisiert. Andere Instrumente wie das Sabbatical als hochflexibles Arbeitszeitmodell und Mentorenprogramme zur kulturellen Integration sollten in der Praxis vermehrt eingesetzt und den Bedürfnissen ausländischer Fach- und Führungskräfte angepasst werden. Auch wenn dies mit Aufwand verbunden ist, können deutsche Unternehmen von bindungsfördernden Maßnahmen profitieren, da sie in Anstrengungsbereitschaft und geringer Fluktuationsneigung der Mitarbeiter resultieren. Jedoch sollte vor Einführung das Instrument auf betriebsspezifische Eignung geprüft werden. Abschließend lässt sich festhalten, dass erfolgreiche Personalbindung alle

Arten des Commitments und Charakteristika selbst-initiierter Expatriates einbeziehen sollte. Denn „wer nicht eingebunden wird, kann auch nicht nachhaltig gebunden werden" (Flato/Reinbold-Scheible 2008: 85).

Quellenverzeichnis

Literaturverzeichnis

Allen, N.J., Meyer, J.P. (1990): The measurement and antecedents of affective, continuance and normative commitment to the organization, in: Journal of Occupational Psychology 63 (1/1990), S. 1-18.

Allen, N.J., Meyer, J.P. (1997): Commitment in the workplace: Theory, research, and application, Thousand Oaks 1997.

Andresen, M., Biemann, T. (2010): Self-initiated foreign expatriates versus assigned expatriates: Two distinct types of international careers?, in: Journal of Managerial Psychology 25 (4/2010), S. 430–448.

Berthel, J., Becker, F.G. (2013): Personal-Management: Grundzüge für Konzeptionen betrieblicher Personalarbeit, 10. Aufl., Stuttgart 2013.

Brewster, C., Suutari, V. (2000): Making their own way: International experience through self-initiated foreign assignments, in: Journal of World Business 35 (4/2000), S. 417–436.

Bröckermann, R. (2004): Fesselnde Unternehmen - gefesselte Beschäftigte, in: Bröckermann, R., Pepels, W. (Hrsg.), Personalbindung: Wettbewerbsvorteile durch strategisches Human Resource Management, Berlin 2004, S. 15–32.

Cao, L., Deller, J., Hirschi, A. (2014): Perceived organizational support and intention to stay in host countries among self-initiated expatriates: the role of career satisfaction and networks, in: The International Journal of Human Resource Management 25 (14/2014), S. 2013–2032.

Carr, S.C., Inkson, K., Thorn, K. (2005): From global careers to talent flow: Reinterpreting 'brain drain', in: Journal of World Business 40 (4/2005), S. 386–398.

Deutscher Bundestag (2011): Antwort der Bundesregierung: Fakten und Position der Bundesregierung zum so genannten Fachkräftemangel, 17. Wahlperiode, Drucksache 17/4784, Berlin 2011.

Dowling, P.J., Engle, A.D., Festing, M., Weber, W. (2011): Internationales Personalmanagement, 3. Aufl., Wiesbaden 2011.

Felfe, J. (2008): Mitarbeiterbindung, Göttingen 2008.

Flato, E., Reinbold-Scheible, S. (2008): Zukunftsweisendes Personalmanagement: Herausforderung demografischer Wandel, München 2008.

Genisyürek, N. (2013): Interkulturelle Perspektive der Mitarbeiterführung: Identifikation von Einflussfaktoren und Klassifikation von Expatriates, in: Stock-Homburg, R. (Hrsg.), Handbuch Strategisches Personalmanagement, 2. Aufl., Wiesbaden 2013, S. 445–461.

Heidecker, M. (2003): Wertorientiertes Human Capital Management: Zur Steigerung des Unternehmenswertes durch die Personalarbeit, Wiesbaden 2003.

Hofstede, G., Hofstede, G.J. (2011): Lokales Denken, globales Handeln: Interkulturelle Zusammenarbeit und globales Management, 5. Aufl., München 2011.

Howe-Walsh, L., Schyns, B. (2010): Self-initiated expatriation: Implications for HRM, in: The International Journal of Human Resource Management 21 (2/2010), S. 260–273.

Knoblauch, R. (2004): Motivation und Honorierung der Mitarbeiter als Personalbindungsinstrumente, in: Bröckermann, R., Pepels, W. (Hrsg.), Personalbindung: Wettbewerbsvorteile durch strategisches Human Resource Management, Berlin 2004, S. 101–130.

Mathieu, J.E., Zajac, D.M. (1990): A review and meta-analysis of the antecedents, correlates, and consequences of organizational commitment, in: Psychological Bulletin 108 (2/1990), S. 171–194.

Meyer, J.P., Herscovitch, L. (2001): Commitment in the workplace: Toward a general model, in: Human Resource Management Review 11 (3/2001), S. 299-326.

Michalk, S. (2009): Arbeitszeitregelungen als Instrument der Personalführung, in: Michalk, S., Nieder, P. (Hrsg.), Modernes Personalmanagement: Grundlagen, Konzepte, Instrumente, Weinheim 2009, S. 267–296.

Moser, K. (1997): Commitment in Organisationen, in: Zeitschrift für Arbeits- und Organisationspsychologie 41 (4/1997), S. 160-170.

Nieder, P. (2009): Möglichkeiten der Mitarbeiterbindung, in: Michalk, S., Nieder, P. (Hrsg.), Modernes Personalmanagement: Grundlagen, Konzepte, Instrumente, Weinheim 2009, S. 351–361.

Ridder, H.-G. (2009): Entlohnungs- und Gehaltssysteme, in: Michalk, S., Nieder, P. (Hrsg.), Modernes Personalmanagement: Grundlagen, Konzepte, Instrumente, Weinheim 2009, S. 245–266.

Scholz, C. (2000): Personalmanagement: Informationsorientierte und verhaltenstheoretische Grundlagen, 5. Aufl., München 2000.

Internetverzeichnis

Demografieportal (2013): Zuwanderung ausländischer Fachkräfte nach Deutschland, http://www.demografie-portal.de/SharedDocs/Informieren/DE/Studien/OECD_ Zuwanderung_Arbeitskraefte.html, Abruf am 07.10.2014.

Die Welt (2012): Unternehmen fördern Frauen und kaum Ausländer, http://www.welt.de/ wirtschaft/article108293875/Unternehmen-foerdern-Frauen-und-kaum-Auslaender.html, Abruf am 28.10.2014.

Kienbaum (2013): Kienbaum-Studie zur Vergütung von Führungskräften, http://www.kienbaum.de/desktopdefault.aspx/tabid-83/154_read-187/153_read-237/, Abruf am 24.10.2014.

McKinsey-Studie (2010): Willkommen in der volatilen Welt, http://www.google.de/url? sa=t&rct=j&q=&esrc=s&source=web&cd=2&sqi=2&ved=0CCgQFjAB&url= http%3A%2F%2Feco.at%2Fnews%2Fdocs%2F30814_59%25202010%2520McKi nsey%2520-%2520Wachstumschancen%2520in%2520einer%2520volatilen%2520 Welt.pdf&ei=NXhTVITwF8HVPP7-gLgB&usg=AFQjCNEkj3oXQrhZ-JXLH3BAfMD14O47ng&bvm=bv.78677474,d.ZWU, Abruf am 07.10.2014.

Prognos AG (2009): Arbeitslandschaft 2030, Auswirkungen der Wirtschafts- und Finanzkrise,

http://www.google.de/url?sa=t&rct=j&q=&esrc=s&source=web&cd=1&ved=
0CCEQFjAA&url=http%3A%2F%2Fwww.forschungsnetzwerk.at%2Fdownloadpu
b%2F2010_kurzfassung_Arbeitslandschaft2030_Wirtschaftskrise.pdf&ei=FnlTVO
GGNcaOPMW1gKAD&usg=AFQjCNGjPS0a0Ck0WIYJ4unjL2RllOuaxw&bvm=
bv.78677474,d.ZWU, Abruf am 07.10.2014.

Statista 1: Welche Auswirkungen hat der demografische Wandel bereits heute auf Ihr
Unternehmen?, http://de.statista.com/statistik/daten/studie/173235/umfrage/auswir-
kungen-des-demografischen-wandels-auf-unternehmen/, Abruf am 08.10.2014.

Statista 2: Umsatzeinbußen bzw. nicht realisierte Umsätze mittelständischer
Unternehmen aufgrund von Fachkräftemangel, http://de.statista.com/statistik/daten/
studie/172456/umfrage/umsatzeinbussen-im-mittelstand-durch-fachkraeftemangel/,
Abruf am 07.10.2014.

Statista 3: Wie wollen Sie dem sich abzeichnenden Fachkräftemangel im stationären
Handel begegnen?, http://de.statista.com/statistik/daten/studie/321520/umfrage/
umfrage-zu-massnahmen-gegen-fachkraeftemangel-im-handel-in-deutschland/,
Abruf am 08.10.2014.

Statista 4: Arbeitszeitmodelle deutscher Unternehmen, http://de.statista.com/statistik/
daten/studie/227164/umfrage/arbeitszeitmodelle-deutscher-unternehmen/, Abruf
am 22.10.2014.

Statista 5: In welcher Form unterstützen Sie konkret das eigenständige, berufsbezogene
Weiterbildungsengagement von Mitarbeitern?, http://de.statista.com/statistik/daten/
studie/214563/umfrage/umfrage-zur-unterstuetzung-der-weiterbildung-der-
mitarbeiter-in-unternehmen/, Abruf am 24.10.2014.

Statista 6: Welche der folgenden Talent-Management-Maßnahmen hat ihr Unternehmen
bereits umgesetzt?, http://de.statista.com/statistik/daten/studie/274116/umfrage/
talent-management-massnahmen-in-deutschen-unternehmen/, Abruf am
27.10.2014.

Statista 7: Wie oder wo sind Sie auf Ihre jetzige Führungsrolle vorbereitet worden?,
http://de.statista.com/statistik/daten/studie/72922/umfrage/vorbereitung-auf-die-
fuehrungsrolle-bei-managern/, Abruf am 27.10.2014.

Statista 8: Welche Erfahrungen mit internationaler Personalrekrutierung haben Sie
bisher   gemacht?,
http://de.statista.com/statistik/daten/studie/161977/umfrage/erfahrungen-von-
unternehmen-mit-internationaler-personalrekrutierung/, Abruf am 28.10.2014.